AF514557

Richard Deiss

Die schönsten Fachwerkhäuser Sachsens

Meine Liste der 55 sehenswertesten Fachwerkgebäude in Sachsen

Impressum

Autor: Richard Deiss
Cover: Richard Deiss

Kontakt: richard.deiss@gmail.com

Verlag: BoD · Books on Demand GmbH, Überseering 33, 22297 Hamburg, bod@bod.de
Druck: Libri Plureos GmbH, Friedensallee 273, 22763 Hamburg

ISBN: 978-3-8192-8176-1

Erste Auflage 2025, Originalausgabe

© Richard Deiss, Isny 2025

Bibliografische Information der Deutschen Nationalbibliothek
Die Deutsche Nationalbibliothek verzeichnet diese Publikation in der Deutschen Nationalbibliografie; detaillierte bibliografische Daten sind im Internet über http://dnb.d-nb.de abrufbar

Inhaltsverzeichnis

FSC
www.fsc.org
MIX
Papier aus verantwortungsvollen Quellen
Paper from responsible sources
FSC® C105338

Vorwort

Ich bin ein Städte-Vielreisender und habe in Deutschland bereits alle 2047 Städte besucht. Im Frühjahr 2025 hatte ich dabei alle Städtelücken in Sachsen geschlossen. Bei meinen vielen Städtebesuchen hatte ich auch immer wieder interessante Fachwerkhäuser gesehen hatte. So beschloss ich im Frühjahr 2023, ein Buch zu den 100 beeindruckendsten von mir besuchten deutschen Fachwerkhäusern zu publizieren und wichtige Lücken durch Kurzreisen zu schließen. Nach der gezielten Besichtigung weiterer Fachwerkhäuser war schließlich eine Aufspaltung in mehrere Regionalbände notwendig, darunter einen zum Osten Deutschlands. Dort war dann erst nur ein Fachwerkhaus aus Sachsen vertreten. Ich sah Sachsen als sehr fachwerkarmes Bundesland. Doch die letzten Reisen, vor allem in der Oberlausitz mit ihren Umgebindehäusern, aber auch im Vogtland und im Erzgebirge belehrten mich eines Besseren. Es gibt in Sachsen doch weit mehr Fachwerkhäuser als erwartet. Nach Besuchen in Obercunnersdorf und Seifhennersdorf schienen genug Umgebinde- und andere Fachwerkhäuser für ein eigenes kleines Bändchen zu Sachsen zusammengekommen zu sein. Dieses liegt hiermit in der ersten Auflage vor.

Die Arbeit am Büchlein hat mir geholfen, besuchte Fachwerkhäuser nochmal in Erinnerung zu rufen und neu gesehene aufmerksamer zu betrachten. Nach weiteren Reisen soll das Buch auch immer wieder aktualisiert und entsprechende Listen angepasst werden. Ich freue mich, wenn das Buch interessierte LeserInnen findet, die es lehrreich und unterhaltsam finden. Kommentare sind willkommen. Vielleicht werden LeserInnen auch angeregt, das eine oder andere Fachwerkhaus selbst in Augenschein zu nehmen.

Isny im Juni 2025
Richard Deiss

Einleitung

Die 55 im Buch ausgewählten Top-Fachwerkhäuser verteilen sich folgendermaßen auf die 5 im Band enthaltenen sächsischen Regionen:

Im Buch enthalten	Städte im Buch	Fachwerkhäuser		
		Insgesamt vorgestellt	Top 55 Region	Top 10
Nordsachsen	5	8	5	-
Vogtland	3	8	6	3
Mittelsachsen, Erzgebirge	8	12	9	3
Raum Dresden	6	19	17	3
Oberlausitz, Ostsachsen	6	18	18	1
Insgesamt	**28**	**65**	**55**	**10**

Am stärksten vertreten sind der Raum Dresden (mehrere Fachwerkhäuser in Dresden-Loschwitz, in Meißen und Hohnstein) und die Oberlausitz bzw. Ostsachsen (mit vielen Umgebindehäusern in Obercunnersdorf und Ebersbach und Seifhennersdorf). Deutlich fachwerkärmer ist der Norden Sachsens, die Region um Leipzig.
Da im Buch nur 65 Häuser vorgestellt werden, sind die meisten davon in der Liste der Top 55 Fachwerkhäuser Sachsens enthalten.

Hier meine Top-10 der Fachwerkhäuser Sachsens:

Dresden	Hentschel Mühle
Hartenstein	Weißes Ross
Hohnstein	Rathaus
Meißen	Vincenz Ritter Haus
Obercunnersdorf	Schunkelhaus
Olbernhau	Saigerhütte (2: Anrichter, Hüttenmeister)
Treuen	Krötenbachhäuser (2)
Weischlitz	Herrenhaus

In den Regionalkapiteln sind Fachwerkgebäude,
die zu den Top-55 Sachsens zählen, mit einem ★ markiert.
Solche in den Top 10 mit ★★ und
Gebäude, zu denen es einen Wikipedia-Artikel gibt mit 🗎.

Rathaus von Hohnstein (Sächische Schweiz)

1. Nordsachsen, Raum Leipzig

Der Norden Sachsens ist eher arm an Fachwerkhäusern. Den wenigen Fachwerkhäusern in der Region fehlen zudem meist Zierformen.

Bad Düben

Ehemalige Post (1720) ★

Die ehemalige Post Bad Dübens bildet mit dem Rathaus einen Gebäudekomplex. Das weitflächige Sichtfachwerk und das straßenseitig weite Vorkragen des Obergeschosses sind eine Besonderheit in der Region. Das Erdgeschoss ist verputzt. Heute wird das Fachwerkhaus als Wohn- und Verwaltungsgebäude genutzt.

Adresse: Markt 12

Kirchstraße 1 (1. Hälfte 19. Jahrhundert)

Das ortsbildprägende Gebäude mit seinem massiven Erdgeschoss und dem Fachwerk mit den verputzten beige bemalten Gefachen fällt durch seine Farbgebung auf. Das Haus zeigt einen recht frisch sanierten Zustand. An der Tür im Eck des Erdgeschosses steht zu lesen: „Nach dem Stadtbrand von 1861 wieder aufgebaut“.

Colditz

Schloßgasse 4 (Hexenhaus) (17. Jahrhundert) ★

Das teilweise verschieferte Fachwerkhaus mit seinem hohem Bruchsteinsockel wurde im 17. Jahrhundert erbaut und ist eines der ältesten Häuser der Stadt. Das Fachwerkmuster zeigt teilweise die *Thüringer Leiter*. Die Bevölkerung hat das am Schlossberg über der Stadt thronende Haus mit seinen schiefen Balken lange misstrauisch beäugt. Der Volksmund nannte es ‚Hexenhaus', ‚Götzentempel' oder ‚Lügenhaus'. Nach der Legende geht sogar der Ausdruck "Lügen, dass sich die Balken biegen", auf dieses Haus zurück.

Baderberg 7 (1811) ★

Der Fachwerkbau mit dem massiven Erdgeschoss steht am ehemaligen Mühlgraben. Das Gebäude hat Porphyr-Tufffenster und Türgewände. An der Giebelfront sind Wappen zu sehen. Südöstlich ans Gebäude anschließend finden sich Mauerreste des 1804 abgerissenen Badertors.

Delitzsch

Brau-Erbe-Haus (1544) ★

Das 1544 erbaute **Brau-Erbe-Haus** ist eines der wenigen fachwerksichtigen Häuser in Delitzsch. Mit dem Besitz war das Recht des Bierbrauens verbunden, was den Namen des Gebäudes erklärt. Bis ins 18. Jahrhundert hinein war das Haus im Besitz von verschiedenen Ratsherren und Bürgermeistern.

Adresse: Breite Straße 3

Grimma

Rathaus (1585) ★

Das Rathaus von Grimma wurde ursprünglich 1440 errichtet, ist mit 1515 bezeichnet, musste aber 1585 nach einem Brand wiederaufgebaut werden. Es zeigt zum Marktplatz einen geschwungenen Renaissancegiebel. Der rückwärtige Giebel zeigt jedoch ein interessantes Fachwerkmuster mit Andreaskreuzen und Mann-Figuren.

Adresse: Markt 27

Wohnturm Lorenzstraße

Der ehemalige Wohnturm stammt im Kern aus dem Mittelalter und weist Reste der Renaissance-Ausstattung auf. Das Obergeschoss ist in Sichtfachwerk ausgeführt. Das Bruchstein-Mauerwerk der Untergeschosse ist verputzt, die Ecken in Porphyrtuff-Quadersteinen ausgeführt.

Adresse: Lorenzstraße 19

Regis-Breitingen

Seitengebäude Wohnstallhaus (um 1850)

Das Seitengebäude des Wohnstallhauses in der alten Dorflage Breitingen zeigt ein Fachwerkobergeschoss. Die Fensteranordnung im massiven Bruchsteinerdgeschoss erinnert an ein Gesicht.

Adresse: Forststraße 4

2. Vogtland

Das Vogtland gehört zu den wenigen Regionen mit Umgebindehäusern. Anders als in der Lausitz, sind jedoch durch Brände, Wachstum und industrielle Überformung der Altstädte nur wenige solcher Bauten übriggeblieben.

Oelsnitz

Zoephelsches Haus (1755) ★

Das als Gerberhof angelegte **Zoephelsches Haus** mit seinem Fachwerkobergeschoss, wurde 1755 erbaut. Es ist eines der wenigen Gebäude in Oelsnitz aus dem 18. Jahrhundert, da es, außerhalb der Stadtmauern gelegen, nicht von Stadtbränden zerstört wurde. 1985 wurde das Fachwerk freigelegt. Nach einer Sanierung ist es seit 1996 Sitz der Stadtbibliothek.

Adresse: Grabenstraße 31

Treuen

Im einst fachwerkreichen Treuen haben nur wenige Fachwerkhäuser Stadtbrände, Modernisierung und Umbauten überlebt.

Krötenbachhaus (1822) ★★

Das um 1800 erbaute Umgebindehaus war einst ein Handwerkerhaus und wurde in den letzten Jahren saniert. Heute findet sich im Gebäude eine Bibliothek.

Adresse: Albrecht-Dürer-Straße 10

Krötenbachhaus (um 1800) ★★

Die beiden Häuser am Krötenbach gehören zu den wenigen Umgebindehäuser im Zentrum Treuens, die den Stadtbrand Anfang des 19. Jahrhunderts überstanden haben. Vor wenigen Jahren saniert, weist das Haus noch viele originale Baumerkmale auf. Fachwerkfreunde bevorzugen jedoch eine Ziegeldeckung statt eines Blechdaches.

Adresse: Albrecht-Dürer-Str. 12

Königstraße 2 (1833) ★

Dieser mit 1833 bezeichnete Fachwerkbau mit seinem schönen Korbbogenportal ist im Kern wohl älter. Das Erdgeschoss ist zum Teil massiv. Die barocken Kreuzstockfenster wurden im Sinne des Originals erneuert.

Weischlitz-Kürbitz

Hillersches Gut (18. Jahrhundert)

Laut Tafel wurde das Hillersche Gut im 18. Jahrhundert im Fränkischen Bauernhausstil erbaut. Der anschließende ehemalige Gasthof Goldener Löwe wurde laut Tafel im 17. Jahrhundert erbaut.

Adresse: Kirchplatz 7

Infotafel am Gebäude

Herrenhaus (1475) ★★ 🗎

Das Herrenhaus hat einen Fachwerkoberbau aus dem Jahre 1475. Leider brannte der Dachstuhl 1987 ab. Das Dachgeschoss wurde 2007 erneuert, jedoch mit ahistorisch großen Fensterflächen.

Adresse: Kirchplatz 1

Infotafel am Gebäude

Am Alten Gut 1 (18. Jahrhundert) ★

Ehemaliger Stall mit zwei Geschossen, einem massivem Erdgeschoss und Stalleinbau und einem Obergeschoss mit reichem fränkischem Fachwerk. Heute wird das Gut, von dem zwei Gebäudeteile erhalten sind, teilweise als Servicestelle der Sparkasse Weischlitz genutzt.

3. Mittelsachsen, Erzgebirge

Hainichen

Tuchmacherhaus (1784) ★

Das ehemalige Innungshaus der Tuchmacher liegt am Fluss Kleine Striegis und ist bezeichnet mit 1784. Es zeigt ein Mansarddach mit Krüppelwalm und einen fast steril anmutenden Sanierungszustand.

Adresse: An der Mühle 5

Hartenstein

Gasthaus Weißes Ross (1625) ★★

Das ehemalige Gasthaus Weißes Ross zeigt im ersten Stock und im mächtigen Giebel Zierfachwerk mit Andreaskreuzmuster sowie V-Muster zwischen Fenstern. Die Eingangstüre stammt aus dem Jahre 1899. Früher war ein Kino im Gebäude, heute wird es von einem Therapiezentrum genutzt.

Adresse: Marktplatz 4

Meerane

Pfarrhaus (1790)

Das bis 2003 sanierte Pfarrhaus wird manchmal als ältestes Gebäude von Meerane bezeichnet, zumindest ist es der einzige ganz unverfälschte Barockbau der Stadt. Der Putzbau mit massivem Bruchstein-Erdgeschoss besitzt ein Fachwerk-Obergeschoss, welches unzerstört erhalten geblieben ist, mit originaler Fensteranordnung und originalen Fensterproportionen. Abgeschlossen wird das Gebäude durch ein Mansard-Walmdach.

Adresse: Kirchplatz 1

Leipziger Straße 4 (um 1800)

Das vorgründerzeitliche Fachwerkhaus mit seinem verputzten fachwerk-Obergeschoss ist stadtentwicklungsgeschichtlich für Meerane von Bedeutung.

Olbernhau-Grünthal

Haus des Anrichters (1587) ★★ 🗎

Das 1586/87 erbaute Haus des Anrichters der Saigerhütte Grünthal ist seit 1997 ein Hotel. Fachwerkfreunde kritisieren die Anmutung als etwas steril und wenig plastisch.

Adresse: In der Hütte 9

Haus des Richters Lange (1611) ★ 🖹

Das Haus des (Hütten)Richters Lange in der Saigerhütte Grünthal ist bezeichnet mit 1611. Die Andreaskreuze wurden jedoch im Nachhinein eingebaut und sind nicht original erhalten. Kritisiert wird an der Sanierung zudem, dass das aufgeschraubte Blech die Fußleiste des Fachwerks durch Feuchtigkeit zerstören könnte.

Adresse: In der Hütte 3

Wohnhaus des Hüttenmeisters (16. Jahrhundert) ★★ 🗎

Im 16. Jahrhundert als Herrenhaus und Wohnhaus des Hüttenmeisters erbautes, seit 1568 als Hüttenschänke genutztes Gebäude der Saigerhütte in Olbernhau-Grünthal (Erzgebirge).

Eine Tafel informiert über die Uhr am Gebäude:

> Die Uhr an der Hüttenschänke mit der goldenen Jahreszahl 1614 wurde bei dem Überfall während des Schwedenkrieges (1630-1635) von den Kriegen stark beschossen. Mit dem bloßen Auge kann man die Einschusslöcher nicht erkennen aber bei den erfolgten Giebelarbeiten im Jahre 2011 haben wir die Chance genutzt, diese Einschusslöcher von nahmen zu fotografieren. Das alte Uhrwerk mit Handaufzug befindet sich heute in der Museumsausstellung hier im Gelände.

Adresse: In der Hütte 4

Sayda

Hospital zu St. Johannis (1508) ★

Das ehemalige Hospital St. Johannis, heute Sitz des Heimatmuseums, gehört zu den ältesten Gebäuden der Stadt. Bernhard von Schönberg stiftete das Hospital 1476 mit einer großen Summe aus seinem Nachlass. Bis 1945 fanden arme, kranke und hilfsbedürftige Menschen hier Unterkunft und Verpflegung. Nach 1945 wurde es als Wohnhaus genutzt, doch zunehmender Verfall des Gebäudes machte das ab 1980 nicht mehr möglich. Seit 1993 ist im Gebäude das Heimatmuseum untergebracht.

Adresse: Dresdner Straße 78

Schwarzenberg

Herrenhof Erlahammer (1665) ★

Der erstmals 1380 urkundlich erwähnte **Erlahammer** war wahrscheinlich der älteste Eisenhammer des Erzgebirges. Als letztes erhaltenes Gebäude der historischen Erlahütte ist der 1665 errichtete Herrenhof erhalten, Wohnsitz der Hüttenherrenfamilien und der Hüttenbesitzer. Der unregelmäßig angelegte Vierseithof besteht aus einem Herrenhaus, einem U-förmig angelegten Fachwerkhaus und einem Verbindungsbau, welche einen Hof umschließen.

Adresse: Karlsbader Str. 85

Wildenfels

Markt 2 (2. Hälfte 17. Jahrhundert) ★

Über einem massiven Erdgeschoss findet sich ein leicht vorkragendes Fachwerk-Obergeschoss mit geschweiften Andreaskreuzen (Feuerböcke) und verzierten Knaggen in den Gefachen unterhalf der Traufe. Es ist das älteste Wohnhaus am Platz.

Lindenallee 10 (Ende 18. Jahrhundert) ★

Das Haus zeigt Fachwerk in beiden Geschossen, was in Wildenfels Seltenheitswert hat. Ein späterer Anbau wurde ebenfalls in Fachwerk ausgeführt. Das Giebeldreieck ist verbrettert.

Zwickau

Magazinstraße 7 (um 1600)

In Zwickau gibt es sehr wenige Fachwerkhäuser. Das original erhaltene Fachwerkhaus in der Magazinstraße zeigt ein einfaches Balkenmuster ohne Zierformen und ist so dennoch von stadtgeschichtlicher Bedeutung. Über einem massiven Erdgeschoss findet sich ein Fachwerkgeschoss mit regelmäßigen Ständern und nur wenigen Streben. Das Kranzgesims ist profiliert.

4. Raum Dresden, Elbtal

Der Raum Dresden ist fachwerkreicher als man vermutet. Dazu gehört sogar die Stadt Dresden, welche normalerweise nicht mit Fachwerk assoziiert wird. Der an der Elbe gelegene Stadtteil Loschwitz verfügt jedoch über einen kleinen Fachwerk-Dorfkern. In Loschwitz gibt es zudem den außergewöhnlichen Fachwerkkomplex Hentschel-Mühle, einschließlich eines 1884 gebauten Ateliergebäudes (Bild rechts).

Neben Dresden ist auch die topographisch bewegte Stadt Hohnstein fachwerkreich (Bild rechts).

In Meißen gibt es nur wenige Fachwerkhäuser, darunter jedoch einige interessante Gebäude. Im Osterzgebirge finden sich zudem in kleineren Städten Fachwerkgebäude.

Hentschel Mühle (18. Jahrhundert) ★★ 🗎

Der Fabrikdirektor und Maler Eduard Leonhardi (1828-1905) gründete das Künstlerhaus und spätere Museum und ergänzte dazu das Mühlengebäude aus dem 18. Jahrhundert im Jahre 1884 durch ein Ateliergebäude und schuf so einen für Dresden singulären Komplex. Heute ist das Leonhardi-Museum ein Museum der Stadt Dresden.

Adresse: Grundstraße 26

Wohnhaus Friedrich-Wieck-Str. 5 (2. Hälfte 18. Jh) ★

Das Wohnhaus ist ein Beispiel der einfachen Volksbauweise des 18. Jahrhunderts und Teil des Dorfkerns von Loschwitz.

Wohnhaus Friedrich-Wieck-Str. 3 (um 1850) ★

Das Häusleranwesen ist ein Beispiel der Volksbauweise seiner Zeit und Teil des Dorfkerns von Loschwitz. Heute wird das Wohnhaus auch als Verkaufsraum genutzt.

Dammstraße 14 (um 1800) ★

Das Häusleranwesen mit Krüppelwalmdach, welches im Obergeschoss einfaches Fachwerk und im Dachbereich Fledermausgauben zeigt, gehört zum alten Loschwitzer Ortskern.

Schillergarten (um 1730) ★

Das Traditionsgasthaus wurde erstmals 1730 erwähnt und hieß einst *Fleischersche Schenke*. Friedrich Schiller kehrte während seiner Aufenthalte in Dresden 1785 bis 1787 hier mehrmals ein. Er lernte dabei die Gastwirtstocher Johanne Justine Segedine kennen. Diese erlangte durch Schiller literarische Unsterblichkeit, denn im ersten Teil der Wallenstein-Trilogie heißt es: „*Was der Blitz! Das ist ja die Guste aus Blasewitz*“. Das nahe der Elbe gelegene Gasthaus wurde beim Jahrhunderthochwasser 2002 sowie beim Hochwasser 2013 beschädigt.

Adresse: Schillerplatz 9 (Dresden-Blasewitz)

Altenberg-Bärenstein

Wohnhaus Markt 2 (1. Hälfte 19. Jahrhundert) ★

Als Bestandteil der historischen Marktbebauung Bärensteins, einst eine der kleinsten Städte Sachsens, ist das Haus baugeschichtlich und städtebaulich von Bedeutung.

Hohnstein

Pechhüttenweg 1 (17. Jahrhundert) ★

Die Grundmauern des Wohnhauses Pechhüttenweg 1 stammen noch aus dem 17. Jahrhundert. Es ist eines der ältesten Gebäude der Stadt, war die erste Schule des Ortes und Geburtshaus von Christoph G. Schröter (1699-1782), dem Erfinder des Hammerklaviers.

Ehem. Stadtapotheke (1721) ★

Die ehemalige Stadtapotheke ist mit 1721 bezeichnet. Das Fachwerkmuster zeigt Andreaskreuze, die Fenster originale Sprossung. Das Dach weist eine Biberschwanzdeckung auf. Heute findet sich im Haus ein Sportgeschäft.

Adresse: Markt 2

Obere Straße 17 (2. Hälfte 18. Jahrhundert) ★

Das Besondere an diesem Wohnhaus aus der zweiten Hälfte des 18. Jahrhunderts ist das sehr ursprünglich erhaltene Fachwerk und die historischen Fenster.

Rathaus (1688) ★★

1688 als Brauhaus erbaut, 1917 zum Rathaus umgebaut und noch heute als solches genutzt, ist dieses Fachwerkhaus heute das älteste in Hohnstein. Auf dem Vorplatz kämpft man noch mit den Auswirkungen der Flut von 2021.

Adresse: Rathausstraße 10

Obere Straße 5 (1. Hälfte 19. Jahrhundert) ★

Das Wohnhaus in halboffener Bebauung mit Fachwerk im Obergeschoss ist ortsbildprägend. Die Fenster im Obergeschoss zeigen noch die originale Größe. Der Anstrich des Hauses wechselte in den letzten Jahren von grün auf rosa.

Ehemaliges Beamtenhaus (nach 1900) ★

Das recht modern wirkende Wohnhaus ist Bestandteil der reizvollen Platzsituation am Rathaus. Dazu tragen auch der Dachüberstand und die aufwändigen Fachwerkgiebel, die die Anmutung von Apotheke und Rathaus aufnehmen, bei.

Adresse: Rathausstraße 3

Lommatzsch

Heimatmuseum Lommatzsch (1737) ★

Das 1737 erbaute Fachwerkhaus dient heute ein Heimatmuseum und zusätzlich als Terence-Hill-Museum. Denn der italienische Schauspieler (Mario Matteo Girotti, * 1939), dessen Mutter aus dieser Stadt stammte, verbrachte als Kind die Jahre 1943-45 in Lommatzsch und sah als Sechsjähriger auch das brennende Dresden, was ihm fast das Leben gekostet hätte.

Adresse: Am Markt 14

Frauenstraße 12 (1828) ★

Der markante Fachwerkbau in Ecklage zeigt ein einfaches Fachwerkmuster auf massiven Erdgeschoss. Die Fenster wurden leider a-historisch erneuert und sind ohne Sprossen. Eine Tafel am Gebäude informiert:

> Ein Geländeeinschnitt führte schon vor dem Anlegen des marktes im Bereich der heutigen Frauenstraße zu einem natürlichen Wasserablauf. Die Bebauung der 1530 erstmals erwähnten „Frauengasse“ war Mitte des 17. Jahrhunderts beendet. In der hier gelegenen Baderei konnten die Bürger ein wohltuendes Wannenbad nehmen. Bereits im Jahr 1425 wird ein Bader in Lommatzsch namentlich erwähnt. Bei Krankheit oder Unwohlsein bot er seine Dienste zum Aderlassen oder Schröpfen an und übernahm auch kleine chirurgische Einfriffw.1994 wurde das Badehaus abgerissen.

Meißen

Fachwerkhaus am Schlossberg (1575) ★

Das 1575 erbaute Fachwerkhaus am Schlossberg ist in der fachwerkarmen Stadt fast ein Solitär. Nach langem Leerstand in den achtziger Jahren wurde das Haus durch einen Meißner Architekten bis 1991 saniert. Sogar die Schwarzküche von 1575 wurde denkmalpflegerisch erhalten, ebenso wie historische Türen mit Beschlägen und Schlössern aus dem 18. und 19. Jahrhundert. Von 2010-13 wurde das Haus erneut saniert.

Adresse: Schloßberg 3

Haus Vincenz Richter (17. Jahrhundert) ★★ 🗎

Das Vincenz-Richter-Haus ist ein ursprünglich als Innungshaus der Tuchmacher im Jahre 1523 errichteter Fachwerkbau in der Altstadt von Meißen. Nach Zerstörung im Dreißigjährigen Krieg im 17. Jahrhundert in heutiger Form wieder aufgebaut. 1873 kaufte der aus einer Gastwirtfamilie stammende Emanuel Richter das Haus und verpachtete es an seinen Bruder Vincenz Anton Richter. Dieser übernahm das Braurecht sowie Humpen und Krüge verschiedener Zünfte, was dem Lokal einen rustikalen Anstrich verlieh. Das Türmchen an der Traufseite stammt aus dem Jahre 1921. Zurzeit sind Gastwirtschaft und das damit zusammenhängende Museum geschlossen.

Adresse: An der Frauenkirche 12

Domherrenhof (16. Jahrhundert) ★

Das Fachwerkhaus des einstige Domherrenhofkomplexes ist ein Renaissancegebäude aus dem 16. Jahrhundert, welches später überformt wurde. Heute zeigt es sich mit Graffiti und leichten Fassadenschäden.

Adresse: Freiheit 10

Tharandt

Gasthaus Schillereck (1785) 🗎

Das Gasthaus Schillereck ist eher literaturgeschichtlich als architektonisch bedeutsam. Denn hier, im ehemaligen, 1785 erbauten Gasthof zum Hirsch, weilte Friedrich Schiller (1759-1805) vom 17. April 1787 bis zum 21. Mai 1787 und vollendete sein Drama 'Don Carlos'.

Adresse: Dresdner Straße 4

5. Ostsachsen und Oberlausitz

Ostsachsen und speziell die Oberlausitz sind reich an sogenannten Umgebindehäusern. Am zahlreichsten sind diese im Denkmaldorf Obercunnersdorf zu finden, Ortsteil von Kottmar und dadurch Teil der Oberlausitzer Umgebindestraße, welche zur Deutschen Fachwerkstraße gehört. Die übrigen Orte der Umgebindestraße sind Ebersbach-Neugersdorf, Seifhennersdorf, Großschönau, Mittelherwigsdorf, Oderwitz und Herrnhut. Außer Obercunnersdorf sind davon Ebersbach-Neugersdorf und Seifhennersdorf in diesem Kapitel vertreten. Auch abseits dieser Straße sind Umgebindehäuser zu finden.

Infotafel in **Obercunnersdorf**, Denkmaldorf seit 1984.

Ebersbach-Neugersdorf

Bautzener Straße 7 (1815) ★

Das Doppelstubenhaus weist im Obergeschoss Fachwerk auf, welches jedoch verbrettert ist. Es zeigt eine originale Biberschwanzbedachung.

Bautzener Straße 5 (1. Hälfte 19. Jahrhundert) ★

Das Obergeschoss ist in Fachwerk ausgeführt, welches durch die Verschieferung jedoch nicht sichtbar ist. Das Haus verfügt noch über zwei originale Fenster. Die Haustüre stammt aus dem Jahre 1905.

Umgebindehaus Oberer Kirchweg 33 (1802) ★

Über einem massiven Erdgeschoss findet sich ein Fachwerkgeschoss, welches mit blau-weißem Muster verschiefert ist. Zum Teil sind die Fenster noch original. Die Gitter im Erdgeschoss sind schmiedeeisern.

Oberer Kirchweg 31 (1. Hälfte 19. Jahrhundert) ★

Das Obergeschoss des Umgebindehauses weist Fachwerk auf, welches jedoch verbrettert ist. Das Haus zeigt originale Fenster, Dachhäuschen und einen Biberschwanzdeckung.

Grünsteinhof (1824) ★

Das Wohnstallhaus verfügt im Obergeschoss über Fachwerk, welches jedoch verschiefert ist. Das Korbbogenportal ist bezeichnet. Das Haus weist originale Fenster und Türen sowie eine originale Deckung mit Fledermausgauben auf.

Adresse: Oberer Kirchweg 25

Umgebindehaus Oberer Kirchweg 26 (1820) ★

Das Fachwerk im Obergeschoss des Umgebinde-Wohnhauses ist an der Giebelseite verbrettert. Das Haus bildet einen Komplex mit einem Wohnstallhaus, dessen Obergeschoss-Fachwerk ebenfalls teilweise verbrettert ist. Fenster und Türen sind original. Die originale Dachdeckung zeigt Fledermausgauben.

Obercunnersdorf

Schunkelhaus (1730) ★★

Das 1730 erbaute Umgebindehaus 'Schunkelhaus' ist heute ein Museum. Es zeigt die einst sehr beengten Wohnverhältnisse einer kinderreichen Weberfamilie.

Infotafel am Schunkelhaus

Haus des Gastes (18. Jahrhundert) ★

Das teilweise fachwerksichtige Umgebindehaus aus dem 18. Jahrhundert wurde nach der Wende bis 1994 nach jahrelangem Verfall saniert und teilweise rekonstruiert. Heute dient es als Touristeninformation, als Heimatstube und Bibliothek.

Adresse: Hauptstr. 65

Umgebindehaus Hauptstraße 44 (1698) ★

Wie viele andere Gebäude des Dorfes findet sich Fachwerk im Obergeschoss des Umgebindehauses. Typisch für Obercunnersdorf ist es zweifarbig verschiefert, mit ortstypischen Punktemuster. Von 2014 bis 2018 wurde es saniert und erhielt dafür beim Deutscher Fachwerkpreis 2020 den 2. Preis.

Umgebindehaus Alte Post (erste Hälfte 18. Jahrhundert) ★

In der ersten Hälfte des 18. Jahrhunderts erbaute 'Alte Post' des Umgebindedorfes. Die Poststelle wurde 1850 in der Blockstube eingerichtet. Um den verlorenen Wohnraum zu ersetzen, wurde im Winkel ein Anbau errichtet.

Umgebindehaus Brückenweg 12 (2. Hälfte 19. Jh.) ★

Das verschieferte Umgebindebaus aus der 2. Hälfte des 19. Jahrhunderts verfügt über eine Handschwengelpumpe aus der Zeit um 1900. Auf dem Bild ist im Hintergrund eine stillgelegte Eisenbahnbrücke zu sehen.

Umgebindehaus Brückenweg 9 (1. Hälfte 19. Jahrh. ★

Das Doppelstubenhaus mit Fachwerk im Obergeschoss ist zweifarbig mit einem Punktemuster verschiefert. Es ist baugeschichtlich für den Ort von Bedeutung.

Seifhennersdorf

Umgebindehaus am Weißeweg 23 (1614) ★

Das 1614 erbaute Umgebindehaus, einst als Wohnstallhaus genutzt, wurde 2011-2017 saniert und ist heute ein Schauhaus.

Faktorenhof Bulnheim (um 1750) ★

Der um 1750 im ländlichen Barockstil und in Umgebinde-Bauweise errichtete Faktorenhof Bulnheim zeigt sehr gut den originalen Bauzustand. Am Hofgebäude findet sich eine fast 200 Jahre alte mächtige Linde.

Adresse: Rumburger Straße 46a

Infotafel am Gebäude

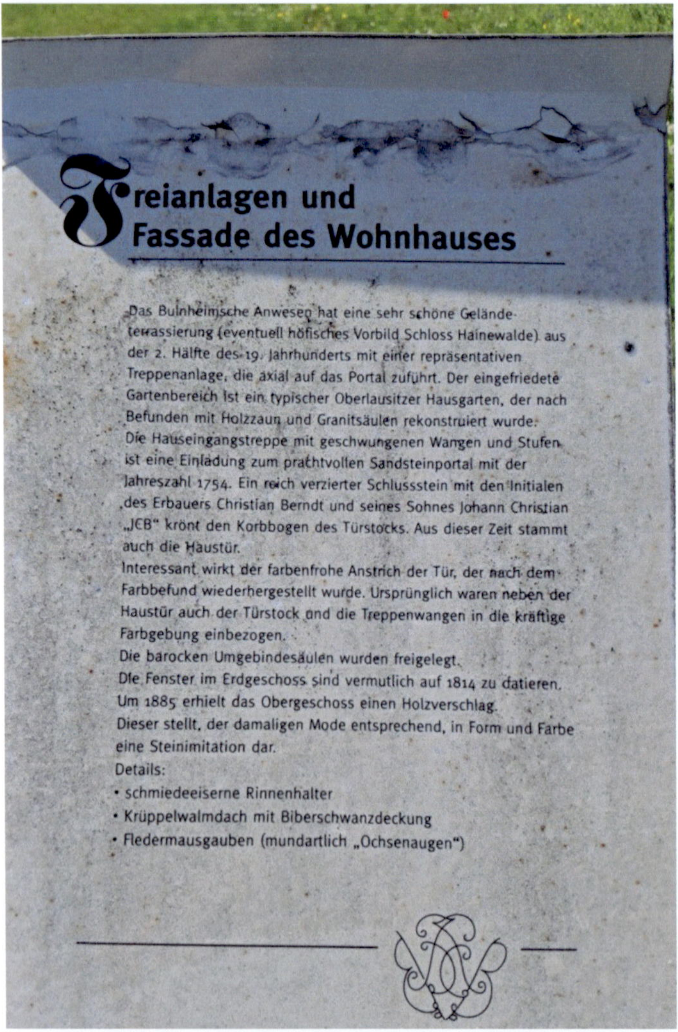

Rumburger Straße 46 (1803) ★

Das Doppelstubenhaus mit verschiefertem Giebel und Fachwerk im Obergeschoss ist von baugeschichtlicher Bedeutung für den Ort.

Schirgiswalde-Kirschau

Wohnstallhaus (1850) ★

Das Umgebindehaus zeigt im Obergeschoss Fachwerk und ist im Giebel ornamental verschiefert. Das Gebäude ist von baugeschichtlicher Bedeutung und wurde im Rahmen des EU-Programms LEADER kürzlich saniert.

Adresse: Callenberger Str. 2

Weißenberg

Wohnhaus (1787) ★

Eines der wenigen Wohnhäuser mit Sichtfachwerk in der Stadt. Es ist platzbildprägend und verfügt über ein Krüppelwalmdach.

Adresse: August Bebel-Platz 11

Wilthen

Gasthof zur Linde (1802) ★

Das Gasthaus zur Linde ist ein 1802 erbautes Doppelstubenhaus dessen Fachwerk verbrettert ist. Die Umgebindesäulen sind profiliert. Noch heute dient das Gebäude als Gasthaus.

Adresse: Straße der Befreiung 2

Schlusswort

Ich hoffe, die kleine Sammlung von Fachwerkhäusern in Sachsen ist für die LeserInnen unterhaltsam und anregend. Über Hinweise zu weiteren interessanten Gebäuden würde ich mich freuen. Kommentare zur bestehenden Sammlung sind ebenfalls willkommen. Am besten an:
Richard.deiss@gmail.com

In Landau/Isar gesehen.

Zum Autor

Richard Deiss stammt aus Isny im Allgäu, studierte in den 1980er Jahren in München Geografie und arbeitete ab den 1990er Jahren als Verkehrsplaner und im Bereich der Statistik. Heute lebt er in Kerkrade und Isny. Bei BoD hat er seit 2006 bereits 80 Titel publiziert, zuletzt neun Bücher zu von ihm besuchten Städten und 2 Wortspielbücher. Zurzeit arbeitet er an einer Buchreihe zu Gedenk- und Informationstafeln. Seine Bücher decken Themengebiete ab, zu denen es bisher wenige Veröffentlichungen gibt.

Anhang

Liste der Top-Fachwerkhäuser in anderen deutschen Regionen

Die Top-15 Fachwerkgebäude im Band Nordrhein-Westfalen

Insgesamt 100 Gebäude im Buch, darunter 19 mit Wikipedia-Artikel

RB Düsseldorf	**Pfarrhaus,** Gruiten-Dorf
	Suitbertusstuben, Ratingen
RB Köln	**Windeckhaus,** Bad Münstereifel
RB Münster	**Alte Post,** Drensteinfurt,
RB Arnsberg	**Stoltz'sches Haus,** Bad Laasphe
	Altes Rathaus, Hattingen 🗎
	Kumpfstraße, Altenhundem
RB Detmold	**Amelunxenscher Hof,** Höxter 🗎
	Haus Horstkotte, Höxter
	Adam-und-Eva-Haus, Paderborn 🗎
	Spieker, Atteln 🗎
Kreis Lippe (RB Detmold)	**Rathaus,** Blomberg 🗎
	Altes Amtshaus, Blomberg
	Rathaus, Schwalenberg 🗎
	Haus Malz, Vlotho 🗎

Die Top-20 Fachwerkgebäude im Band Norddeutschland

Insgesamt 100 im Buch, davon 28 mit Wikipedia-Artikel

Region	Fachwerkgebäude, Stadt
Braunschweig	**Alte Waage,** Braunschweig 🗎 ☆
	Rathaus, Duderstadt 🗎
	Hessesches Haus, Duderstadt
	Altes Rathaus, Einbeck 🗎
	Eickesches Haus, Einbeck 🗎
	Siemenshaus, Goslar 🗎
	Kassebeersches Haus, Northeim
Hannover	**Lateinschule,** Alfeld 🗎
	Bürgerhus, Hameln
	Stiftshaus, Hameln 🗎
	Knochenhaueramtshaus, Hildesheim 🗎☆
	Wedekindhaus, Hildesheim 🗎☆
	Wernersches Haus, Hildesheim 🗎
	Haus zum Wolf, Stadthagen
Lüneburg	**Hoppener Haus,** Celle 🗎
	Hökerhaus, Stade
	Strukturstraße, Verden 🗎
Weser-Ems	**Degodehaus,** Oldenburg 🗎
	Haus Willmann, Osnabrück 🗎
Mecklenburg	**Gewölbe,** Wismar 🗎

Zusätzliche 5 Häuser mit Besonderheiten, welche sie optische besonders attraktiv machen

Bremen	**Wüste Stätte 1**	Schmale Form
Buxtehude	**Regionalmuseum**	Backsteinmuster
Hameln	**Lückingsches Haus**	Bemalung
Hildesheim	**Umgestülpter Zuckerhut**	Kubatur
Holzminden	**Hafenmeisterhäuschen**	Kubatur

Die Top-15 Fachwerkgebäude im Band Hessen,
Insgesamt 120 Gebäude im Buch, darunter 24 mit Wikipedia-Artikel

Nord- und Osthessen (RB Kassel)	Bad Sooden-Allendorf, **Bürgersches Haus** 🗎
	Frankenberg, **Rathaus** 🗎
	Fritzlar, **St. Michaelis**
	Homberg/Efze, **Gasthaus Zur Krone**
	Fulda, **Altes Rathaus**
Mittelhessen (RB Gießen)	Alsfeld, **Rathaus** 🗎
	Kirchhain, **Altes Rathaus**
	Limburg, **Goldener Löwe**
	Neustadt, **Rathaus**🗎
Südhessen (RB Darmstadt)	Frankfurt, **Großer Engel**
	Frankfurt**, Goldene Waage** 🗎
	Idstein, **Schiefes Haus** 🗎
	Idstein, **Killingerhaus**🗎
	Michelstadt, **Altes Rathaus** 🗎
	Seligenstadt, **Einhardsches Haus** 🗎

Die Top-10 Fachwerkhäuser im Band Rheinland-Pfalz, Saar
Insgesamt 80 Gebäude im Buch, darunter 2 mit Wikipedia-Artikel

Rheinland-Pfalz	Bacharach, **Altes Haus**
	Bernkastel-Kues, **Spitzhäuschen**
	Bernkastel-Kues, **Heinzsches Haus**
	Boppard, **Bodenbachsches Haus**
	Diez, **Haus Monreal**
	Monzingen, **Alt'sches Haus**
	Monzingen, **Haus Müller**
	Neustadt/Weinstraße, **Steinhäuser Hof** 🗎
	Rhens, **Altes Rathaus**
	Vallendar, **Die Traube**

Top-18 Fachwerkhäuser im Band Baden-Württembergs
Insg- 125 Gebäude im Buch , darunter 28 mit Wikipedia-Artikel

RB Karlsruhe	Calw, **Haus Schnaufer** (🗎)
	Mosbach, **Palmsches Haus** 🗎
	Ladenburg**, Neunhellerhaus** 🗎
RB Freiburg	Schiltach, **Adler**
RB Stuttgart	Bad Wimpfen**, Schmuckkästchen**
	Besigheim, **Rathaus**
	Bietigheim, **Hornmoldhaus** 🗎
	Bönnigheim, **Ratsstüble**
	Eppingen**, Baumannsches Haus** 🗎
	Esslingen, **Rathaus** 🗎
	Großbottwar, **Rathaus**
	Markgröningen, **Rathaus** 🗎
	Schorndorf, **Palmsche Apotheke** 🗎
	Schwäbisch Gmünd, **Amtshaus** 🗎
	Vaihingen-Enzweihingen, **Großes Haus**
	Weinstadt-Strümpfelbach, **Altes Rathaus** 🗎
RB Tübingen	Blaubeuren, **Hoher Wil**
	Ulm, **Schmales Haus**

Top-15 Fachwerkhäuser im Band Bayern
Insgesamt 75 Gebäude, davon 19 mit Wikipedia-Artikel

Unterfranken	Miltenberg, **Zum Riesen** 🗎
	Miltenberg, **Haus Clausius**
Mittelfranken	Dinkelsbühl, **Deutsches Haus** 🗎
	Großhabersdorf, **Gasthaus Rotes Ross**
	Nürnberg, **Pilatushaus** 🗎
	Nürnberg, **Dürerhaus** 🗎
	Roth, **Riffelmacherhaus**
	Rothenburg, **Jagstheimerhaus**
	Rothenburg, **Gerlachschmiede**
	Spalt, **Mühlreisighaus**
Oberfranken	Bamberg, **Rottmeisterhäuschen** 🗎
	Burgkunstadt, **Rathaus** 🗎
	Marktzeuln**, Rathaus** 🗎
Schwaben	Memmingen**, Siebendächerhaus** 🗎
	Nördlingen, **Tanzhaus**

Quellennachweis:

Bilder: Richard Deiss

Texte: Informationen zu den Texten:

Manfred Gertner
Deutsche Fachwerkstraße
Hrsg: Arbeitsgemeinschaft Deutsche Fachwerkstädte e.V.
Bad Neustadt an der Saale

Zusätzliche Online-Quellen:

Wikipedia wurde als Quelle für alle Gebäude benutzt, die durch ein 🖹 gekennzeichnet sind. Für etwa ein Zehntel der vorgestellten Häuserhaben gibt es einen eigenen Wikipedia-Artikel. Zudem wurden Informationen in den Wikipedia-Seiten Liste der Kulturdenkmäler (pro Stadt) genutzt.

Allgemeine Quellen

Fachwerkfreunde
www.fachwerkfreunde.de

Deutsche Stiftung Denkmalschutz
www.denkmalschutz.de

Spezifische Quellen

Colditz, Hexenhaus
https://www.lvz.de/lokales/leipzig-lk/grimma/pisa-hat-den-schiefen-turm-colditz-das-schiefe-haus-4ANIBSPRAAUK4Z6SMUEIVEEICE.html

Delitzsch, Brau-Erbe-Haus
https://www.delitzsch.de/portal/seiten/altstadt-900000103-27640.html

Grimma, Rathaus
https://www.denkmalschutz.de/denkmal/rathaus-markt-27.html

Oelsnitz, Zoephelsches Haus
https://www.oelsnitz.de/tourismus/sehenswuerdigkeiten/zoephelsches-haus

Treuen, Krötenbachhäuser
https://treuen.de/de/kroetenbachhaeuser.html

Weischlitz, Hillersches Gut
https://www.vogtland-tourismus.de/de/poi/gutshof/hillersches-gut-und-goldner-loewe/37584799/

Weischlitz, Herrenhaus
https://sachsens-schloesser.de/weischlitz-wassserburg-rittergut-kuerbitz/

Hainichen, Tuchmacherhaus
https://www.hainichen.de/sehenswuerdigkeiten-veranstaltungen/sehenswertes/tuch-macherhaus

Sayda, Hospital St. Johann
https://www.sayda.eu/verzeichnis/objekt.php?mandat=213284

Schwarzenberg, Herrenhof Erlahammer
https://schwarzenberg.de/de/erlebnis-herrenhof.html

Meerane, Pfarrhaus
https://www.meerane.de/pfarrhaus.html

Lommatzsch, Heimatmuseum
https://lommatzsch.de/naherholung/museen-und-tiefkeller.html

Obercunnersdorf, Schunkelhaus
https://www.gemeinde-kottmar.de/de/Museum-Schunkelhaus-Obercunnersdorf/

Obercunnersdorf, Haus des Gastes
https://www.gemeinde-kottmar.de/de/Touristinformationen/

Seifhennersdorf, Schauhaus
https://umgebinde-anno-1614.de/

Seifhennersdorf, Faktorenhof Bulnheim
https://www.monumente-online.de/de/ausgaben/2009/2/blumen-fuer-den-leinwand-haendler.php

Wilthen, Gasthof zur Linde
https://zurlindewilthen.de/

Weitere Architekturbücher des Autors bei books on demand, www.bod.de

Deutschlands schönste Fachwerkhäuser
Meine Liste der 100 schönsten Fachwerkgebäude in Deutschland
Norderstedt 2023

Die schönsten Fachwerkhäuser in Norddeutschland
Meine Liste der 77 schönsten Fachwerkhäuser in den 4 nördlichen Bundesländern, Norderstedt 2024

Die schönsten Fachwerkhäuser in Nordrhein-Westfalen
Meine Liste der 77 schönsten Fachwerkhäuser in NRW
Norderstedt 2024

Die schönsten Fachwerkhäuser in Hessen
Meine Liste der 77 schönsten Fachwerkhäuser in Hessen,
Norderstedt 2024

Die schönsten Fachwerkhäuser im Westen Deutschlands
Meine Liste der 55 schönsten Fachwerkhäuser in Rheinland-Pfalz und im Saarland, Norderstedt 2024

Die schönsten Fachwerkhäuser Süddeutschlands
Meine Liste der 77 sehenswertesten Fachwerkgebäude in Süddeutschland mit Schwerpunkt Baden-Württemberg,
Norderstedt 2024

Die schönsten Fachwerkhäuser Bayerns
Meine Liste der 55 sehenswertesten Fachwerkgebäude in Franken und in Bayerisch Schwaben, Norderstedt 2024

Die schönsten Fachwerkhäuser Thüringens
Meine Liste der 55 sehenswertesten Fachwerkgebäude inThüringen,
Norderstedt 2024